AF245215

ÉTRENNES

FRANÇOISES.

ÉTRENNES

FRANÇOISES,

DÉDIÉES

A LA VILLE DE PARIS;

POUR L'ANNÉE JUBILAIRE

DU RÈGNE

DE LOUIS LE BIEN-AIMÉ.

PAR l'Abbé DE PETITY, Prédicateur DE LA REINE.

A PARIS,

Chez PIERRE-GUILLAUME SIMON,

Imprimeur du Parlement.

M. DCC. LXVI.

AVEC APPROBATION ET PERMISSION.

ARMES DE LA VILLE DE PARIS.

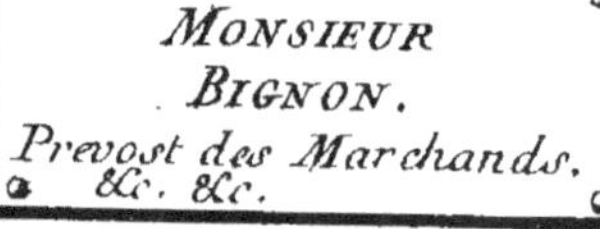

MONSIEUR,
LE DUC DE CHEVREUSE
Gouverneur de Paris. &c.
&c.

MONSIEUR
BIGNON.
Prevost des Marchands.
&c. &c.

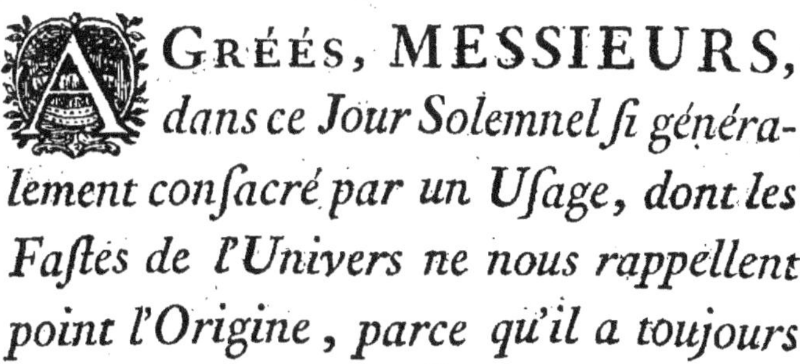

GRÉÉS, MESSIEURS, dans ce Jour Solemnel si générale-ment consacré par un Usage, dont les Fastés de l'Univers ne nous rappellent point l'Origine, parce qu'il a toujours

ÉPITRE

ſubſiſté * ; *agréés, dis-je, l'Homage ſin-cère d'un cœur entièrement dévoué à ſon Roi ; & daignés, ſous des Auſpiçes auſſi favorables que les vôtres, le faire paſſer juſqu'au pied du Thrône.*

---

* Le Roi Tatius, compagnon de Romulus, alla le premier cueillir dans le Bocage Sacré de la Déeſſe *Strenia*, des branches de *Verveine* qui étoient le préſage de l'An nouveau. *Symmaque.*

On donnoit autrefois en *Étrenne* aux Empereurs Romains , le premier jour de l'Année , une Somme d'Argent proportionnée aux Façultés de chacun. *Suétone.*

Les Peuples de Dalmatie & de Croatie payoient les *Étrennes* en eſpèce de tribut, aux Vénitiens ; ou aux Rois de Hongrie auxquels ils obéiſſoient volontairement. *Du Cange.*

Pluſieurs Nations donnoient auſſi en *Étrenne* aux Empereurs , le premier jour de l'Année , une livre d'Or. *Gronovius.* C'eſt à ce titre que la *Ville de Paris* a l'honneur de préſenter à ſon Roi , une Bourſe de cent jettons d'Or , frappés au coin de la Prévôté ; Droit auſſi ancien qu'il eſt honorable, pour les Citoyens de cette Capitale.

DÉDICATOIRE.

Il vit, cet augufte MONARQUE, il eft dans la Cinquantième Année de fon Règne, & joüit d'une fanté parfaite ! Que de graces n'avons-nous point à rendre à l'Etre Suprême, qui veille à la confervation de jours auffi précieux qui perpétuent notre bonheur ! Qu'il vive, ce MONARQUE jufte & équitable, ce ROI BIEN-AIMÉ & fi digne de l'être ! Qu'il vive, & ne ceffe de règner defpotiquement fur nos cœurs. Sa confervation eft l'appui du Royaume, & la joye de cette Capitale, que vous repréfentés fi dignement.

L'Accueil favorable dont vous voulez bien m'honorer en reçevant ce petit Ouvrage, met le comble à mon bonheur, MESSIEURS; mais je

reconnois ne le devoir qu'au Zèle vraî-
ment Patriotique qui vous anime, &
vous fait faisir avec empreffement tout
ce qui peut contribuer à la Gloire de
notre AUGUSTE MAISTRE.

Puiffent vos vœux & les miens,
être profondément gravés dans le cœur
de tous les François ; & qu'à votre
Éxemple toutes les Villes du Royaume
s'uniffent, pour célébrer avec tranfport
& reconnoiffance l'Année Jubilaire
du Père de la Patrie, & du meilleur
des Rois !

Tels font les Sentimens & les Vœux
de celui qui a l'honneur d'être, avec le
plus profond refpect,

MESSIEURS,

Votre très-humble & très-obéiffant ferviteur.
L'Abbé DE PETITY, Prédicateur de la Reine.

Michel Martel Ecuyer,
Notaire Honoraire, P.er
Échevin élu le 16. Aoust 1764.

Jean Charles Alexis Gauthier de
Rougemont, Écuyer, 2.e Échevin
élu le 16. Aoust 1764.

Paul Larsonnyer, Écuyer,
Avocat en Parlement 3.e Échevin
élu le 16. Aoust 1765.

Jacques Merlet Écuyer, S.gr de Merlet,
Avocat au Parlement, Ancien Batonnier
de l'Ordre des Avocats, et Administrateur
de l'Hôpital Géneral, 4.e Échevin élu
le 16 Aoust 1765.

Jacques Jerosme Jolivet de
Vannas Procureur et Avocat du..
Roi et de la Ville.

Jean Baptiste Taitbout, Chevalier
de l'Ordre du Roi, et Greffier en
chef de la Ville.

ÉTRENNES
FRANÇOISES,
POUR L'ANNÉE JUBILAIRE OU CINQUANTIEME
DU RÈGNE
DE LOUIS LE BIEN-AIMÉ,

Avec les Monuments mémorables érigés à Paris vers le tems de cette Époque.

DEDIÉES A LA VILLE DE PARIS,

Monfieur le Duc DE CHEVREUSE, Gouverneur & Lieutenant Général de la Ville, Prévôté & Vicomté de Paris.

Monfieur BIGNON, Commandeur des Ordres du Roi, Confeiller d'État, Prévôt des Marchands, Bibliothécaire de SA MAJESTÉ, l'un des Quarante de l'Académie Françoife, & Honoraire de celle des Infcriptions & Belles-Lettres.

Échevins.
- M. MARTEL,
- M. GAUTHIER DE ROUGEMONT,
- M. LARSONNIER,
- M. MERLET, *Écuyers.*

ÉTANT

M. JOLIVET DE VANNES, Avocat & Procureur du Roi.

M. TAITBOUT, Greffier en Chef, Chevalier de l'Ordre du Roi.

<table>
<tr><td>

JANVIER, 1766.

merc.	1	*La Circoncifion.*
jeudi	2	s. Odilon.
vend.	3	*Sainte Geneviève.*
fame.	4	s. Rigobert.
Dim.	5	s. Siméon.
lundi	6	*Les Rois.*
mard.	7	*Nôces.*
merc.	8	s. Luçien.
jeudi	9	s. Julien.
vend.	10	s. Guillaume.
fame.	11	s. Hygin.
Dim.	12	s. Satire.
lundi	13	s. Hilaire.
mard.	14	Nom de Jefus.
merc.	15	s. Maur.
jeudi	16	s. Marc, Pape.
vend.	17	s. Antoine.
fame.	18	Chaire s. Pierre.
Dim.	19	s. Omèr.
lundi	20	s. Seb. s. Fabien.
mard.	21	Sainte Agnès.
merc.	22	s. Vincent.
jeudi	23	s. Ildephonfe.
vend.	24	s. Thimothée.
fame.	25	Converf. de s. Paul.
Dim.	26	*Septuagéfime.*
lundi	27	s. J. Chrifoftome.
mard.	28	s. Charlemagne.
merc.	29	s. Franç. de Sales.
jeudi	30	sainte Batilde.
vend.	31	s. Pierre Nol.

</td><td>

FÉVRIER.

fame.	1	s. Ignaçe.
Dim.	2	⎰ *Purification.* ⎱ *Sexagéfime.*
lundi	3	s. Blaife.
mard.	4	s. Gilbert.
merc.	5	sainte Agathe.
jeudi	6	s. Vaft, Évêque.
vend.	7	s. Romuald.
fame.	8	s. Jean de Matha.
Dim.	9	*Quinquagéfime.*
lundi	10	Sainte Scolaftique.
mard.	11	*Mardi gras.*
merc.	12	*Cendres.*
jeudi	13	s. Étienne.
vend.	14	s. Valentin.
fame.	15	NAISSAN. DU ROI.
1. *D.*	16	*Quadragéfime.*
lundi	17	s. Sabin.
mard.	18	s. Siméon.
merc.	19	*Quatre Temps.*
jeudi	20	s. Eucher.
vend.	21	s. Humbert.
fame.	22	Ch. de s. Pierre.
2. *D.*	23	*Reminifcere.*
lundi	24	*Saint Mathias.*
mard.	25	s. Céfaire.
merc.	26	s. Aléxandre.
jeudi	27	sainte Honorine.
vend.	28	s. Romain.

Épacte XVIII.

Lettre Dominicale E.

B

</td></tr>
</table>

<table>
<tr><td colspan="3">M A R S.</td><td colspan="3">A V R I L.</td></tr>
<tr><td>fame.</td><td>1</td><td>s. Aubin.</td><td>mardi</td><td>1</td><td>s. Valery.</td></tr>
<tr><td>3 D.</td><td>2</td><td>Oculi.</td><td>merc.</td><td>2</td><td>s. Franç. de Paule.</td></tr>
<tr><td>lundi</td><td>3</td><td>sainte Cunegonde.</td><td>jeudi</td><td>3</td><td>s. Richard.</td></tr>
<tr><td>mard.</td><td>4</td><td>s. Cafimir.</td><td>vend.</td><td>4</td><td>s. Ambroife.</td></tr>
<tr><td>merc.</td><td>5</td><td>s. Virgille.</td><td>fame.</td><td>5</td><td>s. Vincent.</td></tr>
<tr><td>jeudi</td><td>6</td><td>sainte Colette.</td><td>1 D.</td><td>6</td><td>Quafimodo.</td></tr>
<tr><td>vend.</td><td>7</td><td>s. Thomas d'Aquin.</td><td>lundi</td><td>7</td><td>Annonçiation.</td></tr>
<tr><td>fame.</td><td>8</td><td>s. Jean de Dieu.</td><td>mard.</td><td>8</td><td>s. Denis, Évêque.</td></tr>
<tr><td>4 D.</td><td>9</td><td>Lætare.</td><td>merc.</td><td>9</td><td>sainte Marie Égyp.</td></tr>
<tr><td>lundi</td><td>10</td><td>s. Doctrovée.</td><td>jeudi</td><td>10</td><td>s. Fulbert.</td></tr>
<tr><td>mard.</td><td>11</td><td>Quarante Maïtyrs.</td><td>vend.</td><td>11</td><td>s. Léon Gr.</td></tr>
<tr><td>merc.</td><td>12</td><td>s. Grégoire.</td><td>fame.</td><td>12</td><td>s. Jules.</td></tr>
<tr><td>jeudi</td><td>13</td><td>sainte Eufrafie.</td><td>2 D.</td><td>13</td><td>s. Hermen.</td></tr>
<tr><td>vend.</td><td>14</td><td>s. Lubin.</td><td>lundi</td><td>14</td><td>s. Tiburce.</td></tr>
<tr><td>fame.</td><td>15</td><td>s. Longin.</td><td>mard.</td><td>15</td><td>s. Paterne.</td></tr>
<tr><td>5 D.</td><td>16</td><td>Judica.</td><td>merc.</td><td>16</td><td>s. Calixte.</td></tr>
<tr><td>lundi</td><td>17</td><td>sainte Gertrude.</td><td>jeudi</td><td>17</td><td>s. Anicct.</td></tr>
<tr><td>mard.</td><td>18</td><td>s. Édouard.</td><td>vend.</td><td>18</td><td>s. Parfait.</td></tr>
<tr><td>merc.</td><td>19</td><td>s. Jofeph.</td><td>fame.</td><td>19</td><td>s. Léon Pape.</td></tr>
<tr><td>jeudi</td><td>20</td><td>s. Joachim.</td><td>3 D.</td><td>20</td><td>s. Anfelme.</td></tr>
<tr><td>vend.</td><td>21</td><td>s. Benoît.</td><td>lundi</td><td>21</td><td>s. Marcelin.</td></tr>
<tr><td>fame.</td><td>22</td><td>s. Paul, Évêque.</td><td>mard.</td><td>22</td><td>sainte Opportune.</td></tr>
<tr><td>6 D.</td><td>23</td><td>Pâques fleury.</td><td>merc.</td><td>23</td><td>s. George.</td></tr>
<tr><td>lundi</td><td>24</td><td>sainte Catherine.</td><td>jeudi</td><td>24</td><td>s. Robert.</td></tr>
<tr><td>mard.</td><td>25</td><td>s. Gabriel.</td><td>vend.</td><td>25</td><td>s. Marc. abftinence.</td></tr>
<tr><td>merc.</td><td>26</td><td>s. Eutiche.</td><td>fame.</td><td>26</td><td>s. Clèt, Pape.</td></tr>
<tr><td>jeudi</td><td>27</td><td>s. Rupert.</td><td>4 D.</td><td>27</td><td>s. Antime.</td></tr>
<tr><td>vend.</td><td>28</td><td>Vendredi Saint.</td><td>lundi</td><td>28</td><td>s. Vital.</td></tr>
<tr><td>fame.</td><td>29</td><td>s. Euftafe.</td><td>mard.</td><td>29</td><td>s. Robert.</td></tr>
<tr><td>Dim.</td><td>30</td><td>Pâques.</td><td>merc.</td><td>30</td><td>s. Maxime.</td></tr>
<tr><td>lundi</td><td>31</td><td>sainte Balbine.</td><td colspan="3">Nombre d'Or, 19.</td></tr>
</table>

MAI			JUIN		
jeudi	1	*S. Jacques*, *S. Ph.*	2 *D.*	1	s. Caprais.
vend.	2	s. Athanafe.	lundi	2	s. Pothin.
fame.	3	Invent. Ste Croix.	mard.	3	s. Juftin.
5 *D.*	4	sainte Monique.	merc.	4	s. Optat.
lundi	5	*Rogations.*	jeudi	5	*Octave Féte-Dieu.*
mard.	6	*S. Jean Porte Latine.*	vend.	6	s. Claude.
merc.	7	s. Staniflas.	fame.	7	s. Norbert.
jeudi	8	*Afcenfion.*	3 *D.*	8	s. Médard.
vend.	9	Tranfl. S. Nicolas.	lundi	9	s. Liboire.
fame.	10	s. Gordien.	mard.	10	s. Landry.
6 *D.*	11	s. Mamert.	merc.	11	s. Barnabé.
lundi	12	s. Épiphane.	jeudi	12	s. Bafilide.
mard.	13	s. Servais.	vend.	13	s. Antoine.
merc.	14	s. Pacôme.	fame.	14	s. Bafile.
jeudi	15	s. Victorin.	4 *D.*	15	s. Modefte.
vend.	16	s. Honoré.	lundi	16	s. Aurélien.
fame.	17	*Vigile & Jeûne.*	mard.	17	s. Avit.
Dim.	18	*Pentecôte.*	merc.	18	Sainte Marine.
lundi	19	s. Yves.	jeudi	19	s. Gerv. s. Prota.
mardi	20	s. Bernardin.	vend.	20	s. Silvere.
merc.	21	*Quatre-Temps.*	fame.	21	s. Paulin.
jeudi	22	s. Aufonin.	5 *D.*	22	s. Leufroi.
vend.	23	s. Didier.	lundi	23	*Vigile & jeûne.*
fame.	24	s. Donatien.	mard.	24	*Nat. S. Jean-Bapt.*
1 *D.*	25	*La Trinité.*	merc.	25	Tranfl. s. Éloy.
lundi	26	s. Gan, Abbé.	jeudi	26	s. Maixent.
mard.	27	s. Hildevert.	vend.	27	s. Crefcent.
merc.	28	s. Germain.	fame.	28	*Vigile & Jeûne.*
jeudi	29	*La Féte-Dieu.*	6 *D.*	29	*S. Pierre, S. Paul.*
vend.	30	sainte Émélie.	lundi	30	Comm. s. Paul.
fame.	31	sainte Petronille.			*Cycle Solaire, 11.*

<table>
<tr><td colspan="3">JUILLET.</td><td colspan="3">AOUST.</td></tr>
<tr><td>mard.</td><td>1</td><td>s. Martial.</td><td>vend.</td><td>1</td><td>s. Pierre ès liens.</td></tr>
<tr><td>merc.</td><td>2</td><td>Vifit. Notre Dame.</td><td>fame.</td><td>2</td><td>s. Étienne.</td></tr>
<tr><td>jeudi</td><td>3</td><td>Tranfl. S. Thomas.</td><td>12 D.</td><td>3</td><td>Inven. s. Étienne.</td></tr>
<tr><td>vend.</td><td>4</td><td>Tranfl. S. Martin.</td><td>lundi.</td><td>4</td><td>s. Dominique.</td></tr>
<tr><td>fame.</td><td>5</td><td>s. Abel.</td><td>mard.</td><td>5</td><td>N. D. des Neiges.</td></tr>
<tr><td>7 D.</td><td>6</td><td>s. Tranquile.</td><td>merc.</td><td>6</td><td>Transf. N. Seign.</td></tr>
<tr><td>lundi</td><td>7</td><td>s. Édilbe.</td><td>jeudi</td><td>7</td><td>s. Donat.</td></tr>
<tr><td>mard.</td><td>8</td><td>s. Thibauld.</td><td>vend.</td><td>8</td><td>s. Liébaut.</td></tr>
<tr><td>merc.</td><td>9</td><td>s. Zenon.</td><td>fame.</td><td>9</td><td>Vigile & Jeûne.</td></tr>
<tr><td>jeudi</td><td>10</td><td>Sept Frères.</td><td>13 D.</td><td>10</td><td>Saint Laurent.</td></tr>
<tr><td>vend.</td><td>11</td><td>Tranfl. S. Benoît.</td><td>lundi</td><td>11</td><td>s. Tiburce.</td></tr>
<tr><td>fame.</td><td>12</td><td>s. Prix.</td><td>mard.</td><td>12</td><td>sainte Claire.</td></tr>
<tr><td>8 D.</td><td>13</td><td>s. Anaclèt.</td><td>merc.</td><td>13</td><td>s. Hipolite.</td></tr>
<tr><td>lundi</td><td>14</td><td>s. Bonaventure.</td><td>jeudi</td><td>14</td><td>Vigile & Jeûne.</td></tr>
<tr><td>mard.</td><td>15</td><td>s. Henri.</td><td>vend.</td><td>15</td><td>Affomption.</td></tr>
<tr><td>merc.</td><td>16</td><td>N. D. M. C.</td><td>fame.</td><td>16</td><td>Saint Roch.</td></tr>
<tr><td>jeudi</td><td>17</td><td>s. Aléxis.</td><td>14 D.</td><td>17</td><td>s. Regnauld.</td></tr>
<tr><td>vend.</td><td>18</td><td>s. Clair.</td><td>lundi</td><td>18</td><td>sainte Hélène.</td></tr>
<tr><td>fame.</td><td>19</td><td>s. Vincent de Paule.</td><td>mard.</td><td>19</td><td>s. Agapite.</td></tr>
<tr><td>9 D.</td><td>20</td><td>sainte Marguerite.</td><td>merc.</td><td>20</td><td>s. Bernard.</td></tr>
<tr><td>lundi</td><td>21</td><td>s. Victor.</td><td>jeudi</td><td>21</td><td>s. Privat.</td></tr>
<tr><td>mard.</td><td>22</td><td>sainte Magdeleine.</td><td>vend.</td><td>22</td><td>s. Symphorien.</td></tr>
<tr><td>merc.</td><td>23</td><td>s. Apollinaire.</td><td>fame.</td><td>23</td><td>s. Sidone.</td></tr>
<tr><td>jeudi</td><td>24</td><td>Jours Caniculaires.</td><td>15 D.</td><td>24</td><td>Saint Barthelemi.</td></tr>
<tr><td>vend.</td><td>25</td><td>S. Jacq. S. Chrift.</td><td>lundi</td><td>25</td><td>Saint Louis.</td></tr>
<tr><td>fame.</td><td>26</td><td>Tranfl. de s. Marc.</td><td>mard.</td><td>26</td><td>Fin des Jours Can.</td></tr>
<tr><td>10 D.</td><td>27</td><td>s. Aurele.</td><td>merc.</td><td>27</td><td>s. Sulpice.</td></tr>
<tr><td>lundi</td><td>28</td><td>sainte Anne.</td><td>jeudi</td><td>28</td><td>s. Auguftin.</td></tr>
<tr><td>mard.</td><td>29</td><td>sainte Marthe.</td><td>vend.</td><td>29</td><td>s. Médéric.</td></tr>
<tr><td>merc.</td><td>30</td><td>s. Abdon.</td><td>fame.</td><td>30</td><td>s. Fiacre.</td></tr>
<tr><td>jeudi</td><td>31</td><td>s. Germain d'Aux.</td><td>16 D.</td><td>31</td><td>s. Ifabelle.</td></tr>
</table>

SEPTEMBRE.		OCTOBRE.	
lundi	1 s. Leu , s. Gilles.	merc.	1 s. Remy.
mard.	2 AVEN. DU ROI AU THR.	jeudi	2 l'Ange Gardien.
merc.	3 sainte Sérap.	vend.	3 s. Léger.
jeudi	4 sainte Rosalie.	fame.	4 s. François.
vend.	5 s. Victorin.	20 D.	5 s. Placide.
fame.	6 s. Zacharie.	lundi	6 s. Bruno.
16 D.	7 s. Cloud.	mard.	7 s. Marc , P.
lundi	8 *Nativité N. Dame.*	merc.	8 sainte Brigide.
mard.	9 sainte Reine.	jeudi	9 *Saint Denis.*
merc.	10 s. Nicolas de Tol.	vend.	10 s. Paulin.
jeudi	11 s. Patient, Évêque.	fame.	11 s. Agilbert.
vend.	12 s. Guy.	21 D.	12 s. Venant.
fame.	13 s. Maurille.	lundi	13 s. Géraut.
17 D.	14 Éxalt. Ste. Croix.	mard.	14 s. Califte.
lundi	15 s. Porphire.	merc.	15 sainte Thérèfe.
mard.	16 s. Nicodème.	jeudi	16 s. Gal.
merc.	17 *Quatre-Temps.*	vend.	17 s. Florent.
jeudi	18 s. Th. de V.	fame.	18 s. Luc , Évangél.
vend.	19 s. Janvier.	22 D.	19 s. Pierre , Abbé.
fame.	20 *Vigile & Jeûne.*	lundi	20 s. Caprais.
18 D.	21 *Saint Mathieu.*	mard.	21 sainte Urfule.
lundi	22 s. Maurice.	merc.	22 s. Melon.
mard.	23 s. Lin.	jeudi	23 s. Servant.
merc.	24 s. Gérard.	vend.	24 s. Magloire.
jeudi	25 s. Firmin.	fame.	25 SACRE DU ROI.
vend.	26 sainte Juftine.	23 D.	26 s. Ruftique.
fame.	27 s. Cofme , s. Dam·	lundi	27 *Vigile & Jeûne.*
19 D.	28 s. Vinceflas.	mard.	28 *S. Simon , S. Jude.*
lundi	29 *Saint Michel.*	merc.	29 s. Narciffe.
mard.	30 s. Jérôme.	jeudi	30 s. Lucain.
Indiction Romaine.	14.	vend.	31 *Vigile & Jeûne.*

<table>
<tr><td>

NOVEMBRE.

fame.	1	*La Touffaint.*
24 *D.*	2	*Saint Marcel.*
lundi	3	*Les Trépaffés.*
mard.	4	s. Charles.
merc.	5	s. Hubert.
jeudi	6	s. Léonard.
vend.	7	s. Baudin.
fame.	8	Quatre Couron.
25 *D.*	9	s. Théodore.
lundi	10	s. Triphon.
mard.	11	*Saint Martin.*
merc.	12	s. René.
jeudi	13	s. Émilien.
vend.	14	s. Briçe.
fame.	15	s. Eugène.
26 *D.*	16	s. Edmon.
lundi	17	s. Grégoire de T.
mard.	18	s. Odon.
merc.	19	sainte Élizabeth.
jeudi	20	s. Edme.
vend.	21	Pr. N. Dame.
fame.	22	sainte Cécile.
27 *D.*	23	s. Clément.
lundi	24	s. Chryfogone.
mard.	25	sainte Catherine.
merc.	26	sainte Gen. des Ar.
jeudi	27	s. Maxime.
vend.	28	s. Softène.
fame.	29	*Vigile & Jeûne.*
1 *D.*	30	{ *Saint André.* *Avent.* }

</td><td>

DÉCEMBRE.

lundi	1	s. Éloi.
mard.	2	sainte Bibiène.
merc.	3	s. François Xavier.
jeudi	4	sainte Barbe.
vend.	5	s. Sabas.
fame.	6	s. Nicolas.
2 *D.*	7	s. Ambroife.
lundi	8	*Concept. N. Dame.*
mard.	9	sainte Gorgone.
merc.	10	s. Melchior.
jeudi	11	s. Damafe.
vend.	12	s. Hermog.
fame.	13	sainte Luçe.
3 *D.*	14	s. Nicaife.
lundi	15	s. Mefmin.
mard.	16	sainte Adélaïde.
merc.	17	*Quatre Temps.*
jeudi	18	s. Gatien.
vénd.	19	s. Timoléon.
fame.	20	s. Libérat.
4 *D.*	21	*Saint Thomas.*
lundi	22	s. Flavien.
mard.	23	sainte Victoire.
merc.	24	*Vigile & Jeûne.*
jeudi	25	*Noël.*
vend.	26	*Saint Étienne.*
fame.	27	*S. Jean l'Évang.*
Dim.	28	*Les Saints Innoc.*
lundi	29	s. Thom. de Cant.
mard.	30	s. Sabin.
merc.	31	s. Silveftre.

EXPLICATION.

</td></tr>
</table>

MÉDAILLON POUR L'ANNÉE JUBILAIRE, OU CINQUANTIÈME DU RÈGNE DE LOUIS XV.

On voit la France prosternée au pied d'un Autel votif, regardant avec beaucoup de joye le Médaillon du ROY ; elle porte les vœux sincères et respectueux des Peuples qui l'habitent. Elle semble dire au Nom de tous les François : qu'il vive ce Roi BIEN AIMÉ.

Hercule supporte le Médaillon du Roy, il est assis sur des faisçeaux militaires, tenant trois pommes de Coing : le bras gauche appuyé sur sa massuë, habillé de la peau du Lion de la Forest de Némée. A ses costés on apperçoit un Globe Terrestre, la Lyre d'Appollon, le Caducée de Mercure, le tout entrelassé de lys et de roses. Un Serpent arrondy mordant sa queuë est représenté en sculpture, avec un cœur enflamé sur l'Autel votif. On voit le Temple de la Force dans l'éloignement.

l'Ove est surmonté d'un Soleil, et de 2 signes du Zodiaque ; à droitte on voit un Coq battant des ailes, Palmes et Laurier : à gauche la Couronne, le Sçeptre, la main de Justice entrelassés de fleurs de toute espèce.

EXPLICATION.

FRANCE! vous n'avez plus besoin d'étendre vos limites ; votre véritable grandeur est d'avoir le meilleur Maître du monde. Le Ciel à qui nous le devons, nous a donné dans un seul bien, tous les biens ensemble : nous ne lui demandons rien de nouveau ; c'est assez qu'il nous laisse jouir long-tems de la félicité de son Règne ; il suffit qu'il ait soin de conserver une vie glorieuse, à laquelle est attaché notre bonheur, & qui vaut plus mille fois que la conquête de toute la Terre.

Le Laurier enlassé & formant le cadre du buste du ROI *signifie* Gloire, Victoire, Immortalité ; *cet Arbrisseau est le Roi des Arbustes, & toujours verd. Le* ROI *est l'image de la Divinité sur la terre, ses Peuples doivent lui élever un Autel qui exprime leurs respects, leur profonde vénération, leur tendresse filiale.*

Le Serpent arrondi mordant sa queuë, avec un Cœur enflammé, est l'Hyérogliphe de ROI TRÈS-BON ; *selon le sentiment d'*Horus Apollo, *des* Égyptiens, *& de* Pierius Valerianus ; *Liv.* XV, *c.* pag. 187.

Hercule est le modèle de toutes Vertus : les Anciens l'ont toujours dépeint comme un homme destiné à de grands & mémorables exploits. Il est le symbole de la Valeur, bonne Disposition & Santé, *avec* Force & Vigueur des Membres. *Voyez les Hyérogliphes de* Piérius, *Liv. XV, pag. 183.*

L'excellente image d'Hercule de bronze, Ouvrage de Lyfipe, *offerte au Capitole par* Q. Maximus; *ou bien celle que* Fabius Verrucofus *y tranfporta, eft une ftatuë très-antique, & fort célébrée par les Auteurs* Grecs. *Voici comme ils expliquent les trois pommes qu'Hercule porte dans fa main; Ils entendent par-là, les trois Vertus dont l'homme fage & vertueux doit être orné :* 1°. Ne fe colérer point; *c'eft-à-dire, grande Humanité :* 2°. N'être avaricieux; *c'eft-à-dire, Promptitude à faire plaifir :* 3°. Avoir l'efprit éxempt & libre des voluptés *ou débauches; c'eft-à-dire, fingulière Modération de l'efprit & du cœur.* Comment. des lettres, fig. facrées *des* Égyptiens *& autres Nations :* Liv. LVI, *pag. 718.*

Le Roi *protège fpécialement les Sciences & les Beaux Arts: le Globe Terreftre défigne la Géographie; la Lyre d'Appollon eft le fymbole de la Mufique; le Caducée de Mercure eft l'Hyéroglyphe du Commerce & de la Navigation: les Lys & les Rofes fignifient* Beauté & Bonté.

Le Soleil éclaire, échauffe, & règle l'Univers; le Midy eft le milieu de fa courfe. LOUIS LE BIEN-AIMÉ *dont il eft fous ces trois Attributs le jufte fymbole, gouverne fes Peuples avec douceur, les aime, & fait fon poffible pour les foulager.*

L'un des Signes du Zodiaque défigne la Naiffance du Roi : 15 Février 1710.   *L'autre*

L'autre nous rappelle l'Époque du commençement du Règne du R o i, le 2 Septembre 1715; & de son Sacre à Rheims le 25 Octobre 1722.

Le Coq est l'Animal symbolique, l'Hyérogliphe de la France : il chante, & bat des aîles, pour témoigner sa joie. Les Palmes & le Laurier sont les Symboles de la Vie des Bons. Pierius Valerianus *, dans ses* Hyérogliphes.

C

ANNÉE JUBILAIRE
DU REGNE
DE LOUIS XV.

LOUIS XV, notre Augufte Monarque, né à Verfailles le 15 Février 1710, Roi de France & de Navarre le 2 Septembre 1715, facré & couronné à Rheims le 25 Octobre 1722, eft entré dans la cinquantième année de fon Règne le 2 Septembre 1765.

Sa Modeftie n'a point voulu permettre, que fes Sujèts lui témoignaffent la joie vive & pure qu'ils reffentent de la félicité de fon Règne, par des Fêtes dignes de leur amour pour lui, & de leur reconnoiffance envers la Majefté Divine qui veille à fa confervation. Il n'a pas befoin de l'éprouver par des marques extérieures; il fçait qu'il règne par l'amour fur le cœur de tous les François; il fe rappelle avec fatisfaction ces triftes momens, où, dangereufement malade à Mètz, il vit fon Peuple en allarmes & profterné aux pieds des Autels, fupplier l'Etre Suprême de retrancher de fes jours pour ajouter à ceux de fon Roi. Nos prières furent exaucées: la fanté fut renduë au Monarque. Quelle allégreffe fuccéda tout-à-coup à

ces torrens de larmes, à ces plaintes amères & doulou-
reufes ! Il faut être François pour en fentir toute la
force ; il faut être LOUIS LE BIEN-AIMÉ pour
bien apprécièr un encens fi pur, offert par l'Amour.

Qu'il vive, ce Prince BIEN-AIMÉ, ce Père de fes
Peuples ! Qu'il conferve des jours fi chers, & confacrés par fes bienfaits. Il devroit vivre toujours,
s'il étoit fur la terre des récompenfes dignes de fes
Vertus.

Qu'il voye croître fous fes yeux fon Augufte Famille,
ces précieux Rejettons des Lys : qu'il vive, pour ap-
prendre aux Rois à vaincre & à pardonner.

La Gloire qui naît des Conquêtes eft environnée de
fang & de carnage ; LOUIS a verfé des larmes fur
fes propres Victoires. La véritable gloire, capable feule
de le toucher, eft celle qui le rend cher à fon Peuple ;
c'eft par fon Humanité, fa Clémence, fa Juftice, par
toutes ces vertus, qu'il s'eft gravé dans le cœur de fes
Sujèts un monument plus durable que le Marbre & le
Bronze : elles l'ont rendu le Pacificateur de l'Europe,
& lui ont acquis le Titre fi defirable de BIEN-AIMÉ.

II

ÉTABLISSEMENT DE L'ÉCOLE ROYALE MILITAIRE.

LOUIS LE BIEN AIMÉ *porte ses regards sur ces Familles nobles et indigentes, qui sous ses Prédécesseurs avoient acquis par leurs services des droits incontestables à la reconnoissance.* LOUIS *les arrache à leur calamité; il en devient le Père. Cinq cent Gentilshommes sont élevés par ses soins, et sous ses yeux. Une Noble Education leur est donnée, on suit même leur Fortune.* LOUIS *les remèt dans leur place; l'Humanité et la plus tendre Affection de notre* MONARQUE *pour cette Noblesse Franç.ᵉ l'excita et l'engagea à les visiter le 12 Aoust 1760. Tels sont les objets, qu'on a voulu dépeindre dans ce Médaillon.*

Les Élèves de l'École rangés en bataille éxécutent le maniment des Armes au son de la Caisse, en présence de SA MAJESTÉ. *On découvre dans le loingtain les Batiments actuels de cet Établissement Royal.*

l'Ovale est surmonté des Armes de France. Dans la partie droite, on apperçoit un Globe terrestre, un Plan de Fortification, un Crayon, une Bride garnie de ses mords; le tout entrelassé de feuilles de Chesne. À la gauche, on voit représenté un petit Mortier; un Canon, un Fusil, sa Bayonnette, une Épée et des feuilles de Laurier.

EXPLICATION.

LOUIS XV fait revivre les anciens Priviléges d'une Nation guerrière, & les Enfants de ceux qui combattirent à Fontenoy vont jouir des mêmes honneurs que les enfants de ceux qui s'illustrèrent à Bovines. Elevés sous les yeux de leur Souverain, ils sont comblés presqu'en naissant de ses bienfaits : ils nous rappellent l'Éducation que recevoit la Jeunesse de Lacédémone. Ces Disciples de Lycurgue, ces enfants de la Patrie, exercés sans cesse aux Armes & à la Discipline Militaire & Civile, oublioient toute autre affection particulière ; le même esprit qui les inspiroit, ne formoit qu'une seule Famille de tous ceux qui devoient servir la République.

Heureux les Ministres qui reçoivent les ordres de leur Maître, pour accélérer & perfectionner un Établissement si avantageux pour l'État ; & qui voyent renaître pour les Anciens Militaires qu'ils protègent, la source pure de la haute Noblesse qu'ils ont reçuë de leurs Ancétres.

Toute action qui tend au Bonheur des Hommes est un acte de Vertu : la Vertu est plus grande à proportion qu'elle tend au Bonheur du plus grand nombre.

Les Attributs qui ornent ce Médaillon expriment les Sciences, auxquelles s'appliquent ces jeunes Élèves. Le Globe terrestre désigne la Géographie. Le Plan de For-

tification ou *Pentagone*, est *l'embléme du* Génie. *Le Crayon est l'attribut du* Dessein. *La Bride garnie de ses Mords, est le symbole du* Manège, *ou l'*Art de l'Équitation. *Les feuilles de Chéne signifient* Force, Conservation, *& durée.*

Le petit Mortier & le Canon sont les Attributs de l'Artillerie : le Fusil & sa Bayonnette expriment le Maniement des Armes, *dans lequel on éxèrce fréquemment les jeunes Élèves. L'Épée est le symbole des Éxercices dans les* Salles d'Armes. *Les feuilles de Laurier signifient* Victoire, Immortalité.

ÉTABLISSEMENT
DE
L'ÉCOLE ROYALE MILITAIRE.

LOUIS XV n'a pu envifager fans attendriffement que plufieurs Militaires, après avoir confommé leurs biens à la défenfe de l'État, fe trouvaffent réduits à laiffer fans Éducation des Enfants qui auroient pu fervir un jour d'appui à leur Famille ; & qu'ils éprouvaffent le fort de périr, ou de vieillir dans les Armées, avec la douleur de prévoir l'aviliffement de leur Nom, dans une Poftérité hors d'état d'en foutenir le Luftre.

L'Établiffement de l'École Militaire fera à jamais la gloire de notre Siècle ; & la poftérité la plus reculée en fentira de plus en plus toute l'importance. Projèt admirable, qui, fous les yeux d'un grand Roi, & par les foins d'un fage Miniftre, eft confié à des mains dignes de le remplir, & de le porter à fa perfection dès fa naiffance.

L'Efprit Philofophique que le dernier Siècle a vû naître, dont nous allons recueillir les fruits, a détruit enfin le préjugé funefte, qui faifoit regarder l'Éducation de l'Enfance comme un objèt puérile, abandonné à des hommes vulgaires, fans éducation eux-mêmes.

L'*Éducation* n'eft pas cette affèterie des manières, ce vernis du Langage, qu'on puife dans ce qu'on appelle *le Grand Monde;* & qui ne fert le plus fouvent qu'à mafquer des Vices horribles , & qu'à préfenter une vaine ombre de Vertu.

Donner de l'Éducation , c'eft enfeigner de bonne heure aux hommes quels font les fondements de la Société , & leur faire connoître les différents devoirs de parens, d'amis, de citoyens : c'eft leur faire fentir le véritable prix de la Vertu, le témoignage pur & touchant d'une Confcience irréprochable, qui fait que le plus grand Bonheur eft d'être bien avec foi-même. C'eft leur infpirer, non cette Politeffe de l'Efprit toujours outrée & faftueufe, qui s'épuife en expreffions & en tournures ; mais cette politeffe du cœur, cette fenfibilité judicieufe, qui apprend à refpecter les autres en fe refpectant foi-même : Science la plus néceffaire pour la Société, & dans laquelle il nous refte encore beaucoup de découvertes & de progrès à faire.

Il en eft des premières impreffions que l'on reçoit dans l'âge tendre, comme des traces formées d'une main légère fur un Arbre naiffant, qui croiffent avec lui, s'étendent de jour en jour, & préfentent dans fa maturité des traits profonds & ineffaçables.

Que

Que feroit devenuë la *Noblesse*, cette portion la plus pure de l'État, si, privée en France des principaux moyens de s'enrichir, elle n'avoit pas eû dans l'âge avancé une retraite proportionnée à ses services, & dans les premières années de sa vie une École digne d'elle.

LOUIS LE BIEN-AIMÉ fait revivre ces sages institutions qui faisoient à Lacédémone une affaire publique de l'*Éducation des Guerriers*. C'est sur ces aziles d'une honorable indigence que veilloit sans cesse l'œil des Rois. On y donnoit à la *Jeunesse*, des Maîtres habiles nommés par les vœux de leurs Concitoyens., récompensés par la Sagesse du Gouvernement ; qui enseignoient à la fois les Lettres humaines, les Principes de la Morale, & les Éléments de l'Art Militaire.

Quoi de plus juste, que ces hommes nés pour la défense du Prince & de l'État, soient élevés par les soins de l'État & du Prince ? Si le nom seul de quelques Régiments suffit pour inspirer la Bravoure à des hommes obscurs, quels effets ne produira point dans les Ames en qui la Valeur est héréditaire, l'honneur de devoir leur éducation, & d'appartenir en quelque sorte à un Monarque, qui, à la tête de ses Troupes, a pris autant de Villes qu'il a fait de Siéges, & remporté autant de Victoires qu'il a livré de Batailles ? Héros lui-même, il ne peut former qu'une École de Héros.

D

EXPLICATION.

Cette représentation signifie, que le Prévôt des Marchands & les Èchevins de la Capitale ont élevé la Place de LOUIS XV dans le plus bel aspect de la Ville, & en face du plus beau Jardin de l'Europe.

La pompe de l'Inauguration de la Statue Équestre de notre Auguste Monarque, a formé un spectacle digne de la Capitale & des Étrangers : les fêtes brillantes qui l'ont suivie, ont été comme autant de gages de la fidélité, du respect & de l'amour des Parisiens pour leur Souverain.

La Ville de Paris, *représentée sous la figure d'une belle femme, annonce la beauté de cette Capitale : la prouë du Vaisseau sur laquelle elle est assise, désigne la partie principale du blason des Armes de cette Ville, & son emblême distinctif. La couronne composée de tours, qu'elle porte sur sa tête, semblable à celle de la Déesse Cybèle, signifie qu'elle est la Métropole ou la Mère-Ville du Royaume.*

Le Fleuve de la Seine *est peint en Vieillard vénérable appuyé sur son urne, tenant un gouvernail entre des Roseaux, symbole de l'Abondance qu'il procure à cette grande Ville. L'eau qui sort de l'urne forme cette grande Rivière à laquelle préside ce Fleuve, & qui se jette dans la Mèr.*

D ij

L'Ovale surmonté des Armes de la Ville de Paris, *signifie que la Place de* LOUIS XV *& les Bâtiments qui la décorent, ont été élévés sous les ordres de Messieurs le Prévôt des Marchands, & les Échevins de la Ville.*

Les marques de Dignité, les Bijoux, *les* Richesses, *les* Fleurs, *les* Fruits, *qui ornent la partie droite de l'Ovale, font entendre que cette Capitale si commerçante est la résidence des Personnes de la plus haute Qualité, & celle des Riches, ainsi que le Centre du Goût & des Modes, & le séjour des Plaisirs.*

La Sphère Armillaire *représentée dans la partie gauche, annonce que les Académies, les Arts, les Sciences sont spécialement protégés dans cette Capitale, & qu'un grand nombre de Sçavants dans toutes les Facultés y font leur séjour ordinaire.*

La Grue tenant une pierre dans sa patte, *est l'hyéroglyphe de la Garde, du Bon Gouvernement, de la Vigilance & de la Police, qu'on ne cesse d'admirer chaque jour dans cette Ville.*

Le Quart de Cercle & le Compas *sont les emblémes des habiles Artistes en tous genres, qu'on trouve dans* Paris.

Les Feuilles de Chéne marquent la Force, *la* Conservation, *la* Durée.

III

INAUGURATION DE LA STATUË ÉQUESTRE DE LOUIS XV.

La Ville de Paris est ici représentée sous la figure d'une belle femme, couronnée de plusieurs tours, assise sur la prouë d'un vaisseau, frappant de la main gauche sur l'épaule du Fleuve de la Seine, lui montrant de la droite, la Statuë Équestre, et la nouvelle place de LOUIS XV. La Perspective est décorée de Batiments somptueux, et le loingtain est terminé par la nouvelle Église de la Magdelaine.

Les Armes de la Ville de Paris surmontent l'ove de ce Médaillon, à la droite sont représentés des marques de dignités, des Bijoux, des Richesses, des Fleurs, des Fruits de toute espèce. À la gauche une Sphère armillaire, une Gruë tenant une pierre dans sa patte, un quart de Cercle, un Compas, le tout entrelassé de feüilles de Chesne.

INAUGURATION
DE LA
STATUE ÉQUESTRE
DE LOUIS XV.

LE ROI forcé par les Ennemis de la France à prendre les Armes, vit la Victoire accompagner ses Drapeaux dans la Flandre, le Hainault, le Namurois, le Marquisat d'Anvers, la Seigneurie de Malines, & dans tout le Brabant. Il prit en 1744 Menin, Ypres, Furnes, le Fort de la Kenoque.

La Campagne suivante fut signalée par la prise de Tournay, de Gand, de Bruges, d'Oudenarde, de Dendermonde, d'Ostende, de Nieuport & d'Ath.

En 1746, les Villes de Bruxelles, d'Anvers, de Mons & de Saint-Guillain, de Charleroi, de Namur, subirent le même sort.

Enfin la Campagne de 1747 valut à la France, les Villes de Hulst, d'Axel, & de Berg-op-zoom.

Ces Conquêtes & les trois Victoires remportées à Fontenoy, Raucoux, & à Lauffeld, étonnèrent nos Ennemis, & déconcertèrent leurs projets : ils demandèrent la paix, que LOUIS leur accorda. Elle fut conclue à Aix-la-Chapelle en 1748.

LOUIS, auſſi généreux que vaillant, n'avoit moiſſonné des Lauriers que pour en venir à une Paix ſolide & durable ; pour prouver aux Confédérés la ſincérité de ſes intentions, il leur rendit toutes les Conquêtes qu'il avoit faites.

Toutes les Villes du Royaume décernèrent des Honneurs & des Triomphes à LOUIS LE BIEN-AIMÉ.

La Capitale lui éleva une STATUE ÉQUESTRE. Elle eſt du Célèbre *Bouchardon* : elle repréſente le ROI à cheval, vêtu à la Romaine, & couronné de Lauriers.

Cette *Statuë Équeſtre*, commencée l'an 1748, ne fut miſe en plaçe qu'en 1763, après la mort de *Bouchardon*. Elle fut jettée en fonte par le ſieur *Gord*, originaire d'Angoulême, montée par le célèbre *Le Vaſſeur*, & miſe en plaçe par le ſieur *Herbet*.

Le Cheval a quinze pieds de la queuë à la tête. La figure du ROI avec celle du cheval ſont d'un ſeul jèt, & d'une ſeule piéce ; & ont ſeize pieds de haut.

On avoit fondu cinquante milliers de métal ; il n'y en a eu que 25 milliers d'employés. Le Piédeſtal, qui ſera revêtu de marbre, a vingt-deux pieds d'élévation, à compter du Rez-de-chauſſée.

Les Cariatides, qui doivent être placées aux quatre angles du Piédeſtal, repréſentent la *Prudence*, la

Justice, la *Force*, & la *Paix* : elles auront dix pieds de hauteur. M. Bouchardon avoit fait les modeles de trois. M. Pigal, désigné par M. Bouchardon lui-même, a été chargé de continuer cet Ouvrage après lui; il a modelé la quatrième : elles seront en place dans deux ans, & seront fonduës par le Sieur *Hascheman*.

Les quatre faces du Piédestal seront ornées de deux Bas-Reliefs de bronze représentant la bataille de Fontenoy, & la paix d'Aix-la-Chapelle. Sur le champ de face on lira cette inscription :

L U D O V I C O X V,

O P T I M O P R I N C I P I;

QUOD AD *SCALDIM,*

MOSAM, RHENUM, VICTOR,

PACEM ARMIS, PACE,

ET SUORUM ET EUROPÆ FELICITATEM

Q U Æ S I V I T.

Sur le champ de Revèrs , on lira :

HOC PIETATIS MONUMENTUM

PRÆFECTUS ET ÆDILES

DECREVERUNT ANNO

M. DCC. XLVIII.

POSUERUNT ANNO

M. DCC. LXIII.

NOUVELLES

IV

NOUVELLES HALLES AUX GRAINS ET FARINES.

La Ville de Paris est icy représentée sous la figure d'une belle femme, couronnée de plusieurs tours, tenant un petit Navire de la main gauche, montrant de la droite les Nouvelles Halles : elle est assise au pied d'un Chesne. On apperçoit à ses côtés un Génie assis sur des Gerbes de Bled, tenant une faucille de la main droite : la gauche appuyée sur une tablette quarrée, dans laquelle est écrit, meum : tuum : suum . La Perspective est décorée de la Nouvelle Construction des Halles. On apperçoit une Charette, et plusieurs personnes assemblées dans le Marché.

l'Ove est surmonté d'un Lion regardant en face, tenant les Écussons de Mr Bignon Prévost des Marchands, et de Mr Camus de Pont-Carré de Viarmes ancien Prévost. Feuilles et fleurs de Poix, Feves, Lentilles, Épis de bled ornent le Médaillon.

NOUVELLES HALLES

AUX GRAINS ET FARINES.

Sous la Prévôté de Monsieur CAMUS de Pont-carré de Viarmes, Conseiller d'État, on a commencé à construire les *Nouvelles Halles* d'après les desseins du Sieur le CAMUS de Mézières, Architècte du Roi & de l'Université de Paris ; elles seront achevées sous la Prévôté de Monsieur BIGNON, Maître des Cérémonies des Ordres du Roi, Conseiller d'État, Bibliothécaire de Sa Majesté, l'un des quarante de l'Académie Françoise, & Honoraire de celle des Inscriptions & Belles Lettres.

Le Bien universel, l'Avantage public ont été les seuls objèts qui ont déterminé la construction des *Nouvelles Halles.*

Le peu d'utilité que l'Hôtel-de-Ville de Paris retiroit de l'acquisition qu'elle avoit faite de l'Ancien Hôtel de Soissons, engagea Monsieur de VIARMES, Prévôt des Marchands, à demander au Sieur Oblin, Contrôleur & Inspecteur Général des Fermes au département de Paris, un projèt par lequel, sans altérer les fonds de l'Hôtel-de-Ville, on pût, en abandonnant plusieurs

E

parties de l'emplacement , fubvenir à la dépenfe de là Conftruction des *Nouvelles Halles.*

Le Sieur Oblin travailla en conféquence, & réuffit : par fes opérations , la valeur du terrein emportoit une fomme fort confidérable ; il forma donc une Compagnie , avec laquelle il s'eft rendu Adjudicataire de la majeure partie des Terreins , aux conditions néanmoins de conftruire uniformément en pierre de taille , les façades des Bâtimens fur ruë.

Ce Projèt réuni au Deffein du Sieur LE CAMUS, Lettres-Patentes du Roi furent accordées le 25 Novembre 1762 , & enrégiftrées au Parlement le 22 Décembre de la même année.

Au mois de Mars fuivant , on a commencé à travailler avec une telle diligence , que la conftruction principale de l'Édifice eft entièrement achevée dès cette Année. La Ruë Circulaire eft élevée en partie , les Bâtimens formeront différentes Ruës , & feront finies vers le milieu de l'Année prochaine.

Dans l'efpace de trois Années , chofe prefqu'incroyable , le Corps des *Halles* & les Bâtimens circonvoifins formeront un Quartier neuf.

C'eft à la vigilance , à l'activité , à l'épreuve & aux foins de M. le CAMUS, que le Public eft redevable d'une fi prompte Éxécution.

La forme du Bâtiment des *Halles* eft circulaire , la

décoration en eſt ſimple, & répond parfaitement à l'objèt auquel elle eſt deſtinée.

» Le mérite de cette *Halle* eſt la forme nouvelle, & » ce mérite n'eſt pas médiocre. Ce Bâtiment rond, par- » faitement iſolé, percé à jour de toute part, entouré de » maiſons & de ruës, dont la conſtruction contraſtera » avec la ſienne, ayant au ſurplus la ſolidité & la ſim- » plicité requiſe, ſera dans Paris un de nos plus agréa- » bles morceaux. *L'Abbé Laugier.*

Cette eſpece de Rotonde eſt percée de vingt-cinq Arcades de dix pieds & demi d'ouverture, toutes de même grandeur. Six ſervant de paſſage, répondent à autant de Ruës, qui ſont terminées par des carrefours, auxquels aboutiſſent cinq débouchés différens.

Cet Édifice eſt incombuſtible. Dans ſa conſtruction il n'y eſt entré aucun bois ; tout y eſt voûté. Le toit même eſt formé par des voûtes, ſur leſquelles ſont po- ſées avec plâtre des thuiles formant couverture.

Les Voûtes au Rez-de-chauſſée ſont des voûtes d'a- rête, portées en pendentifs ſur des Colomnes de propor- tion Toſcane, dont les ſocles ſont coupés à pan, pour ne point gêner ni empêcher le ſervice.

Dans la voûte, au-deſſous de chaque paſſage en façe des Ruës, on a pratiqué des trous, pour pouvoir enle- ver ou deſcendre à couvert, par le moyen d'une machine, les grenailles qui doivent être placées dans la partie au deſſous des combles.

On a pratiqué de beaux & vaſtes Greniers, ils ſont voûtés en pierres & briques; on y communique par deux eſcaliers; celui du côté de la Ruë de Grenelle eſt en pierre de Liais, appareillé ſupérieurement. L'autre qui lui eſt oppoſé, eſt ſitué vers la Ruë du Four; il ne lui ſera point inférieur, quoiqu'il ne ſoit pas fini; il s'annonce pour bien réuſſir.

On y monte de quatre côtés juſqu'au premier Pallier; enſuite on reprend par deux Rampes qui ſe croiſent toujours paralellement : elles conduiſent juſqu'au haut. La Section des Courbes forme un enſemble des plus agréables. L'Appareil, la Propreté, la Préciſion & l'Intelligence du Sieur *Dupuis* font eſpérer le plus heureux ſuccès.

Toute la Conſtruction de cet Édifice eſt ſolide, faite avec ſoin & propreté. Les Sieurs Pérard, Loire, Mangin, Bellanger, Paſquiers & le Faivre en ont été les Entrepreneurs.

Dans l'eſpace de trois mois & demi, l'opération des Voûtes, les Combles, les Couvertures ont été finis; on la doit aux ſoins & à la vigilance du Sieur *Mangin*.

C'eſt le Sieur *Quenofel*, Allemand, qui a été chargé de l'appareil des Voûtes, ainſi que de la conduite des Ceintres de Charpente, pour la poſe des Briques.

Ce Vaste Édifice entièrement confacré au Service du Public eft bien entendu dans toutes fes parties , il y règne une parfaite Harmonie ; il n'y a aucun terrein de perdu. En un mot , ce Monument *véritablement Patriotique* a mérité la protection fpéciale de SA MAJESTÉ , & fait beaucoup d'honneur à Meffieurs les Prévôts des Marchands , & Échevins de la Capitale.

POSE DE LA PREMIÈRE PIERRE DE LA NOUVELLE ÉGLISE DE S^{TE}. GENEVIÈVE.

Le Roy après avoir arrêté le Plan de cette nouvelle Église, en posa la première Pierre le 6 Septembre 1764, accompagné de plusieurs Seignêus de la Cour. Cette Cérémonie a attiré un concours prodigieux de personnes de toute qualité, les acclamations réitérées de VIVE LE ROY se sont fait entendre de toute part, lors de l'arrivée et du départ de sa Majesté. Tel est l'objèt qu'on a voulu dépeindre dans ce Médaillon.

l'Ove est surmonté de la chasse de S^{te}. Geneviève rayonnante de gloire, de son cierge et de sa houlette en sautoir. Dans la partie droite on apperçoit un mouton, une corbeille remplie de pains, un chapelèt, le tout entrelassé de fleurs. À la gauche, sont représentés un livre, une Médaille avec sa chaine, et des Lys.

EXPLICATION.

LA NOUVELLE ÉGLISE de SAINTE GENEVIÈVE, est un Ouvrage où règne le système d'Architècture le plus parfait ; où tout est dans la Symétrie la plus régulière, la plus éxacte, & habilement diversifiée. Les effets en seront singuliers, majestueux, sublimes.

Le Portail aura toute la grandeur & toute la noblesse imaginables : & l'on peut garantir qu'il n'a encore rien paru de si beau depuis la renaissance des Arts.

On voit représentés dans ce Médaillon les Chanoines Réguliers de la Congrégation de France en Chapes, le R. P. Abbé revétu d'Ornemens Pontificaux, & SA MA-JESTÉ allant processionnellement poser la première pierre de cette nouvelle Église.

La Perspective dans la partie gauche représente l'Église de S. Étienne-du-Mont ; sur le devant paroissent les Ouvriers rangés avec ordre, tous en tabliers blancs.

Le lointain dans la partie droite, fait appercevoir les Jardins de cette Abbaye Royale, avec des échaffauds en forme d'amphitéâtre, sur lesquels étoit placé avec beaucoup de décence, un nombre prodigieux de personnes.

La Chasse de SAINTE GENEVIÈVE rayonnnante de gloire, nous annonce la puissante intercession de cette SAINTE auprès de DIEU dans les plus grandes calamités.

Perſonne n'ignore la maladie contagieuſe des Ardents, *dont la Ville de Paris fut attaquée dans le douzième ſiècle. C'étoit un fléau d'autant plus terrible, qu'il étoit envoyé de Dieu. Tous les remèdes humains, loin de l'appaiſer, l'irritoient : un feu ſecrèt pénétroit le ſein des malades, & les dévoroit. Chacun reſpiroit, ou craignoit cette peſtilente vapeur. L'image de la mort avoit glacé le courage......* *A peine l'Arche ſalutaire eſt-elle en marche, que tous les malades ſont guéris. Tous s'écrient, dans des tranſports de joie :* La vie & la mort ſont dans les mains de DIEU.

Le Cierge allumé, la Houlette, le Mouton qu'on apperçoit ſur l'Ovale du Médaillon, expriment la Foi vive de cette Sainte Bergère.

La Corbeille remplie de pains déſigne le Miracle qu'elle opéra dans ſa vie, pendant une famine générale qui dépeuploit la Ville de Paris.

Le Chapelèt repréſenté dans la partie droite exprime la tendre & ſingulière Dévotion de SAINTE GENEVIÈVE *envers la très-Sainte* VIERGE, MERE *de* DIEU.

Le Livre qu'on apperçoit dans la partie gauche de l'Ovale eſt l'Attribut de ſes ferventes Prières.

On voit auſſi une Médaille avec ſa chaîne, que S. Germain d'Auxerre lui donna, lorſqu'elle ſe voüa ſpécialement au Seigneur.

Les Lys ſont le Symbole *de ſa Virginité.*

POSE

P O S E
DE LA PREMIÈRE PIERRE
DE LA NOUVELLE ÉGLISE
DE SAINTE GENEVIÈVE.

L'ANCIENNE Églife de SAINTE GENEVIÈVE, fondée par Clovis, Premier Roi Chrétien, fous l'Invocation de Saint Pierre & de Saint Paul, & favorifée des bienfaits de nos Rois, fut fouvent ruinée par les courfes des Barbares venus du Nord, & auffi-tôt réparée par le Zèle des Parifiens pour cette Sainte leur Patrone.

Mais cette Églife bâtie dans un goût d'Architècture Gothique & fort imparfaite, d'ailleurs défagréable & fort incommode par fon peu d'étenduë, relativement au concours extraordinaire qui s'y fait dans les jours de Solemnités; tomboit de vétufté.

Il étoit réfervé à LOUIS LE BIEN-AIMÉ d'élever à la Patrone de la Capitale de fes États, un Temple digne de fa Piété, & de la Protèction éclairée qu'il accorde à l'Architècture.

Ce Superbe Édifice qui s'élève fous la conduite de M. SOUFFLOT, Chevalier de l'Ordre du Roi, Architècte & Contrôleur des Bâtimens de Sa Majefté, re-

F

préfente par fon Plan une Croix Grecque. Il a de lar-
geur en œuvre dans les croifillons deux cent quarante
pieds ; & de longueur depuis la Porte principale juf-
qu'au fond du Sanctuaire deux cent quatre-vingt-dix
pieds , à quoi il faut en ajoûter quarante-deux pour le
Porche & les Colonnes qui le foutiennent. Elles feront au nombre de vingt-deux ; leur Diamètre fera de
cinq pieds & demi, & les fix de front qui feront fur
le devant, porteront un Fronton de plus de cent pieds
de baze ; ainfi qu'on l'a vû repréfenté en Peinture par
M. *Machy*, le jour de la pofe de la première Pierre.

M. SOUFFLOT s'eft borné à un feul ordre ; mais
hardi & mâle, à l'imitation du Portail du Panthéon :
» Ce Morçeau (dit un * Habile Connoiffeur) aura
» toute la Grandeur & toute la Nobleffe imaginable ;
» & je crois pouvoir garantir , ajoute-t'il , qu'il n'y
» aura encore rien paru de fi beau depuis la renaiffance
» des Arts ».

Les divifions intérieures de cette Églife feront faites
par des files de colonnes, qui formeront des dégage-
mens dans tout le pourtour ; & foutiendront des Platfonds & des Entablemens , au-deffus defquels feront
des voûtes contraftées par leurs différentes formes &
leurs différentes hauteurs. Le Sommèt fera de près de
cent pieds au-deffus du pavé.

---

* *Obfervations fur l'Architèfture par M. l'Abbé Laugier.*

Le Dôme qui dominera au - deſſus deſdites Colonnes, ſera au centre de l'Égliſe ; ſa hauteur intérieure ſera d'environ vingt-cinq toiſes , & l'extérieure de quarante toiſes. C'eſt ſous ce Dôme que ſera placée la Châſſe. Par cette poſition elle ſera apperçuë de toutes les parties de l'Égliſe. Cette Châſſe eſt l'objèt principal pour qui ce Superbe Édifice eſt élevé, tout doit y avoir rapport. Pouvoit-elle reçevoir une plaçe plus convenable ?

Au Pourtour des quatre Croiſillons & des ſeize Avant-corps, ſeront des Périſtiles qui porteront l'Entablement en platte-bandes ; ils ſeront couvèrts par des platfonds quarrés entre les traverſes d'Architècture. On montera à ces Périſtiles par un perron de pluſieurs marches continuës , prolongées d'un avant - corps à l'autre. Ces Périſtiles découvriront derrière les maſſifs du Dôme, des perçées qui produiront un effet extraordinaire , & qu'on n'a point encore vû.

Les Voûtes en berçeau ſur les avant-corps des Croiſillons,& en petites coupoles ſur leurs parties quarrées, formeront avec la grande Calotte du Dôme une harmonie & des contraſtes qu'on ne trouve point ailleurs. Tous les Croiſillons ſeront terminés quarrément. Tous les Périſtiles formeront d'un bout à l'autre des enfilades ſans interruption. Le Portail de cette Égliſe, imité d'après les plus beaux Ouvrages de l'Antique , en égalera la Magnificence ; & les furpaffera du côté de la Correction.

Il règnera dans cet Édifice le Syftême d'Archi-tèêure le plus parfait qui fût jamais ; tout y fera dans la fymétrie la plus régulière & la plus éxacte ; & ce-pendant tout y fera habilement diverfifié. Toutes fes parties, liées par une Harmonie frappante, compofe-ront un beau Tout le mieux afforti, & dont les effets feront finguliers, majeftueux, fublimes.

Cet Ouvrage unique dans l'Europe, fera remar-quable dans l'Hiftoire de l'Architèêure, où il fera cité comme le Premier & le plus Beau des Monumens depuis la renaiffance des Arts ; c'eft l'Idée que nous en donne l'Habile Écrivain que nous avons déja cité. C'eft auffi l'Aveu unanime des Connoiffeurs & Amateurs, qui n'ignorent pas les belles proportions.

Par la Raifon, & par la Difpofition générale de l'Édifice, il fera beaucoup plus Vafte qu'aucun autre du même genre de la Capitale ; fur-tout fi l'on ajoûte les Tribunes, & l'Églife Souterraine dans laquelle on defcendra par deux Rampes tournantes autour de la Bafe du piédeftal de la Châffe, faites à l'imitation de ce qui a été pratiqué à la Confeffion de Saint Pierre. D'ailleurs l'Habille Architèête, qui conduit & dirige ce Superbe Monument, a dans fon génie plus de ref-fources qu'il n'en faut pour donner à l'Églife Souterraine des iſſuës ou entrées commodes pour le Public ; ſans priver les Fidèles d'approcher de fort près & commodément de la Châſſe de SAINTE GENEVIÈVE.

Le Contrôleur de ce Superbe Édifice eſt M. de PUISIEUX Père, Architèéte Expert Juré du ROI, & Membre de la Société Académique des Arts & des Sçiences. Sa vigilance & ſon aétivité jointes au zèle & ſollicitudes du P. FÉRU, Ancien Procureur des Chanoines Réguliers de la Congrégation de France, ont accélérés la Conſtruétion de cette NOUVELLE ÉGLISE.

Les Inſpeéteurs ſont MM. de Puiſieux fils & Beauvillain, Architèétes. Les Entrepreneurs ſont les Sieurs Poncet, le Tellier, & Diare ; enfin les Appareilleurs, qui méritent d'avoir plaçe ici par l'excellence de l'éxécution, ſont les Sieurs Chardon, Leſtrade, & Grébert.

Le Roi, après avoir arrêté le Plan de cette NOUVELLE ÉGLISE, en poſa la Première Pierre le 6 Septembre 1764.

Le Prévôt des Marchands, & les Échevins de la Ville de Paris eurent l'honneur le même jour de complimenter SA MAJESTÉ, avant la Cérémonie ; ayant à leur tête M. le DUC DE CHEVREUSE, Gouverneur.

C'eſt par ce Monument, digne de la Piété d'un ROI TRÈS-CHRÉTIEN, qu'il voulut ſignaler les premières années de la Paix.

l'Abbé de Petity *invenit*.   Gravelot *delineavit*.   P. Chenu *Sculpsit*.

TABLEAU
ALLÉGORIQUE,

POUR

L'ANNÉE JUBILAIRE

DU REGNE

DE LOUIS LE BIEN-AIMÉ.

CE TABLEAU réduit en miniature, a été préfenté à SA MAJESTÉ en Janvier 1766 , par· Meffieurs le PRÉVOST des Marchands , & les ÉCHEVINS de la Ville de Paris ; ayant à leur tête Monfieur le DUC DE CHEVREUSE , Gouverneur.

De la *Prévôté* de Monfieur BIGNON, Commandeur des Ordres du Roi , Confeiller d'État , Bibliothècaire de SA MAJESTÉ, l'un des Quarante de l'Académie Françoife ; & Honoraire des Infcriptions & Belles Lettres.

De l'*Échevinage* de Meffieurs
MARTEL,
GAUTHIER DE ROUGEMONT,
LARSONNIER,
MERLET, Écuyers.

ÉTANT

M. JOLIVET DE VANNES , Avocat & Procureur du Roi ; & M. TAITBOUT, Greffier en Chef , Chevalier de l'Ordre du Roi.

ALLÉGORIE.

A L L É G O R I E.

I.

*L*E *haut du Tableau repréfente un Soleil dans fon apogée.*

EXPLICATION.

LE Soleil éclaire, échauffe & règle l'univers ; le Midy eft le milieu de fa courfe : LOUIS LE BIEN-AIMÉ, dont il eft, fous ces trois Attributs, le jufte fymbole, gouverne fes Peuples fagement & avec douceur, les aime, & fait fon poffible pour les foulager.

A L L É G O R I E.

I I.

*O*N *diftingue plufieurs Signes du Zodiaque, un Génie aîlé, tenant dans fa main gauche le Scèptre & la main de Juftice, indique de la droite, le Signe des Poiffons.*

EXPLICATION.

LES Signes du Zodiaque expriment la divifion des Mois, des Saifons & des Époques ; le Génie aîlé défigne la Naiffance du ROI, 15 Février 1710.

G

ALLÉGORIE.

III.

*U*N *autre Génie tenant aussi de la main gauche la Couronne de France , montre de la droite les Signes de la Balance & du Scorpion.*

EXPLICATION.

*C*E second Génie rappelle l'Époque de l'Avénement du R o i à la Couronne le 2 Septembre 1715 , & celle de son Sacre à Rheims le 25 Octobre 1722.

ALLÉGORIE.

IV.

*A*U *milieu du Tableau le R o i est représenté dans un Médaillon ovale , dont le cadre est formé de branches de lauriers , entrelacées les unes dans les autres ; ce Médaillon posé sur un Autel votif de forme antique , qui est simple , triangulaire , & décoré dans les angles de cornes recourbées ; sur le devant de cet Autel est représenté en relief un Serpent formant un cercle , & une L; le tout est entrelassé de guirlandes de Myrthe.*

EXPLICATION.

*L*E Laurier qui forme le cadre du buste du R o i désigne la *Gloire* & l'*Immortalité*, parce que cet Arbrisfeau toujours verd, a de tous tems fourni les Couronnes aux Héros de tout genre, ainfi qu'à ceux qui les célèbrent. L'Autel votif eft l'image des vœux continuels que les Peuples font pour la confervation d'un Prince chéri. Le Serpent déployé en cercle, eft l'hyéroglyphe d'un *Bon Roi*, fuivant *Horus Appollo*, *Pierius*, *Valerianus*, L. XV. C. Pag. 187. La Lettre *L.* eft un chiffre romain, qui défigne la cinquantième année du Règne du Roi; & la lettre initiale de fon nom. Le *Myrthe*, eft le Symbole de la Graçe & de la Santé, felon l'Auteur des Hiéroglyphes. Liv. LX. Pag. 806.

ALLÉGORIE.

V.

Dans la partie gauche du Tableau, Hercule *eft affis fur des faifceaux militaires*, *il eft revêtu de la peau du Lyon de Némée*, *& le bras appuyé fur fa Maffuë*, *il fupporte de la main gauche le Médaillon du Roi*. *De la main droite il tient trois Pommes de Coing*, *& l'on voit à fes pieds l'Ibis*, *oifeau d'Égypte fort employé dans les anciens hyéroglyphes.*

EXPLICATION.

HERCULE eft le Symbole de toutes les Vertus, & fingulièrement celui de la Valeur, de la Force & de la Vigueur, *fruit de fanté*. Piérius, Liv. XIV. Pag. 183.

L'excellente Statuë d'*Hercule* de bronze , ouvrage de Lyſippe offerte au Capitole par Q. Maximus ; ou celle que Fabius Verrucoſus , y tranſporta a été fort célébrée par les Grècs : voici l'explication qu'ils donnoient de ſes Attributs. Les trois Coings qu'*Hercule* porte dans ſa main , déſignent trois Vertus capitales ; 1°. la *Modération* qui réprime la colère , & dont l'Humanité eſt inſéparable ; 2°. la *Bienfaiſance* qui comprend la Libéralité ſi néceſſaire aux Rois ; 3°. La *Force d'eſprit* par laquelle les Princes règnent autant ſur eux-mêmes que ſur leurs Sujèts.

L'*Ibis* eſt le Symbole de la *Santé* , ſuivant le même Piérius. Liv. XVII. Page 217.

ALLÉGORIE.

VI.

A La partie droite du Tableau, eſt repréſentée la France *debout, ſupportant de la main droite le Médaillon du* Roi. *Elle le regarde avec un air ſerein , & ſon bras gauche recourbé affectueuſement ſur ſa poitrine , exprime l'ardeur de ſes vœux pour la Conſervation du* Monarque. *Elle a ſur la tête un Caſque ſurmonté de la Couronne Royale , un grand manteau parſemé de fleurs de lys & attaché ſur ſes épaules , ſon bouclier eſt poſé auprès de l'Autel votif ; & l'on apperçoit à ſes pieds un Cocq battant des aîles , & prêt à chanter.*

EXPLICATION.

L A *France* perfonnifiée porte aux pieds du R o i les vœux fincères & refpectueux de fes Peuples ; elle femble dire, au nom de tous les François, » qu'il vive, » ce Prince *Bien-Aimé*, qui eft notre Père ; qu'il con- » ferve long-tems des jours qui font confacrés par fes » bienfaits. Il mériteroit de vivre toujours, s'il étoit fur » la terre des récompenfes dignes de fes vertus. Son » Humanité, fa Clémence, fa Juftice, le rendent cher » à fon Peuple ; c'eft par fes Vertus qu'il s'eft élevé » dans nos cœurs un monument plus durable que le » marbre & le bronze : elle lui ont acquis le titre fi de- » firable de B i e n - A i m é «.

Le Bouclier de cette Déeffe, pofé auprès de l'Autel votif, exprime l'*Heureufe Paix* dont nous jouiffons· Le *Cocq* eft l'Animal fymbolique, & l'Hiéroglyphe de la France.

ALLÉGORIE.

VII.

L'*Autel eft entouré de fept marches circulaires ; fur le dernier degré à gauche, le Génie de la* Reconnoiffance *mèt au pied de l'Autel plufieurs palmes ; à droite, vers le troifième dégré, le Génie des* Beaux Arts *pofe fur la fe- conde marche une Sphère armillaire, une Lyre à fept cordes, le Caducée de Mercure, & une Trompette, le tout entouré de Lys & de Rofes.*

EXPLICATION.

LES Juifs célébroient tous les sept ans l'année Sab-batique ; & après sept fois sept de ces années révoluës, on solemnisoit avec pompe la fin de la quarante-neu-vième Année, ou le commencement de la cinquan-tième, qu'on appelloit l'*Année Jubilaire.*

Parmi les Attributs des Arts, la Sphère armillaire dé-signe l'*Astronomie* & la *Géographie.* La Lyre d'Ap-pollon est le symbole de la *Musique.* Le Caducée de Mercure est l'Hiéroglyphe du *Commerce* & de la *Na-vigation.* La Trompette est l'Emblême de la *Poësie* & de l'*Histoire.* Les Lys & les Roses signifient *Beauté* & *Bonté.*

ALLÉGORIE.

VIII.

SUR le dernier dégré, à la droite du Tableau est repré-senté le Génie de la Guerre, couvert d'un casque garni de panaches & d'une cuirasse à la Romaine. Il semble par-courir un grand Livre dans lequel est écrit, Batailles de Fontenoy, Lauffeld, &c. Sièges & Campagnes du ROI.

EXPLICATION.

LE ROI forcé par ses ennemis en 1744 de prendre les Armes, vit toujours la Victoire accompagner ses Drapeaux dans la Flandre, le Hainaut, le Namurois, le Marquisat d'Anvers, la Seigneurie de Malines, &

dans tout le Brabant. Il prit en cette même année Menin,
Ypres, Furnes & le Fort de la Kenoque. La Campagne
fuivante fut fignalée par la prife de Tournay, de Gand,
de Bruges, d'Oudenarde, d'Oftende, de Nieuport, &
d'Ath. En 1746 les Villes de Bruxelles, d'Anvers, de
Mons & St. Guillain, de Charleroi, de Namur, fubi-
rent le même fort. Enfin la Campagne de 1747 mit
fous fon pouvoir les Villes de Hulft, d'Axel, & de
Berg-op-zoom.

ALLÉGORIE.

IX.

*Sur le devant du Tableau à gauche, le Fleuve de la
Seine eft repréfenté fous la Figure d'un vénérable Vieillard
appuyé fur fon urne, & tenant un gouvernail. Près de lui
on voit le Génie de la Ville de Paris ayant à fes côtés un
écuffon aux Armes de cette Ville, & portant une Couronne
murale fur la tête. On diftingue à fes pieds un Plan de la
Nouvelle Place de LOUIS XV. Ce Génie femble frap-
per d'une main fur l'épaule du Fleuve, & lui montre de
l'autre le Portrait du ROI, qu'ils regardent tous deux
avec une vive expreffion de Contentement & d'Amour.*

EXPLICATION.

CETTE partie du Tableau retrace l'heureux choix
que le Prévôt des Marchands & les Échevins, ont fait

de la Place de LOUIS XV dans le plus bel afpeɔt de la Ville, & en face du plus beau Jardin de l'Europe.

La Pompe de l'Inauguration de la Statuë Équeſtre de notre AUGUSTE MONARQUE, a formé un Speɔtacle digne de la Capitale & des Étrangers. Les Fêtes Brillantes qui l'ont ſuivie, ont été comme autant de Gages de la Fidélité, du reſpeɔt & de l'Amour des Pariſiens pour leur Souverain.

ALLÉGORIE.

X.

A la droite du tableau tout-à-fait ſur le devant, eſt repréſenté le Génie de la Chaſſe *vêtu d'une peau de Tigre. Ce Génie armé d'une pique, court, donne du cor, & tire à ſoi deux chiens accouplés.*

EXPLICATION.

LA *Chaſſe* eſt le plaiſir & l'Amuſement des Rois; la Santé de notre AUGUSTE MONARQUE affermie par ce noble éxercice, la rend encore plus intéreſſante.

ALLÉGORIE.
X I.

L E lointain du Tableau dans la partie gauche, repréſente le Portail *de la* Nouvelle Égliſe *de Sainte Geneviève.*

EXPLICATION.

EXPLICATION.

LA *Nouvelle Église de Sainte Geneviève* eſt un Ouvrage, où règne le Syſtème d'Architè_ture le plus parfait, où tout eſt dans la Symétrie la plus régulière, la
plus éxa_te, & fort habilement diverſifiée. Les éffèts en
feront Singuliers, Majeſtueux, ſublimes. Le R O I,
après avoir arrêté le Plan de cette *Nouvelle Église*, en
poſa la première pierre le 6 Septembre 1764. C'eſt par
ce Monument digne de la Piété d'un Roi TRÈS-CHRÉ-
TIEN, qu'il voulut ſignaler les premières Années de la
Paix.

ALLÉGORIE.

XII.

*D*ANS *le même lointain à droite, on apperçoit les Bâ-
timens de l'École Militaire, & pluſieurs Élèves de cette
École en Bataille, éxécutant des Évolutions au ſon de la
Caiſſe.*

EXPLICATION.

LOUIS XV n'a pu enviſager ſans attendriſſement,
que pluſieurs Militaires après avoir conſommé leurs
biens à la défenſe de l'État, fuſſent réduits à laiſſer ſans
Éducation des Enfans qui auroient pu ſervir un jour
d'appui à leur famille, & fuſſent expoſés à périr ou à
vieillir dans les Armées, avec la douleur de prévoir

H

l'aviliffement de leur Nom dans une Poftérité hors d'état d'en foutenir le Lûftre.

L'*Établiffement de l'École Militaire* fera donc à jamais un Monument mémorable de fa Munificence Royale, & une reffource affurée pour la Nobleffe Françoife deftinée à s'immoler pour l'État.

J. E. SCHENAU, *Pinxit.*

BAUDOUIN, *Picturam Miniatam fecit.*

Lû & approuvé ce 30 Novembre 1765, MARIN.

Vû l'approbation. Permis d'imprimer ce 14 Décembre 1765, DE SARTINE.

FIN.

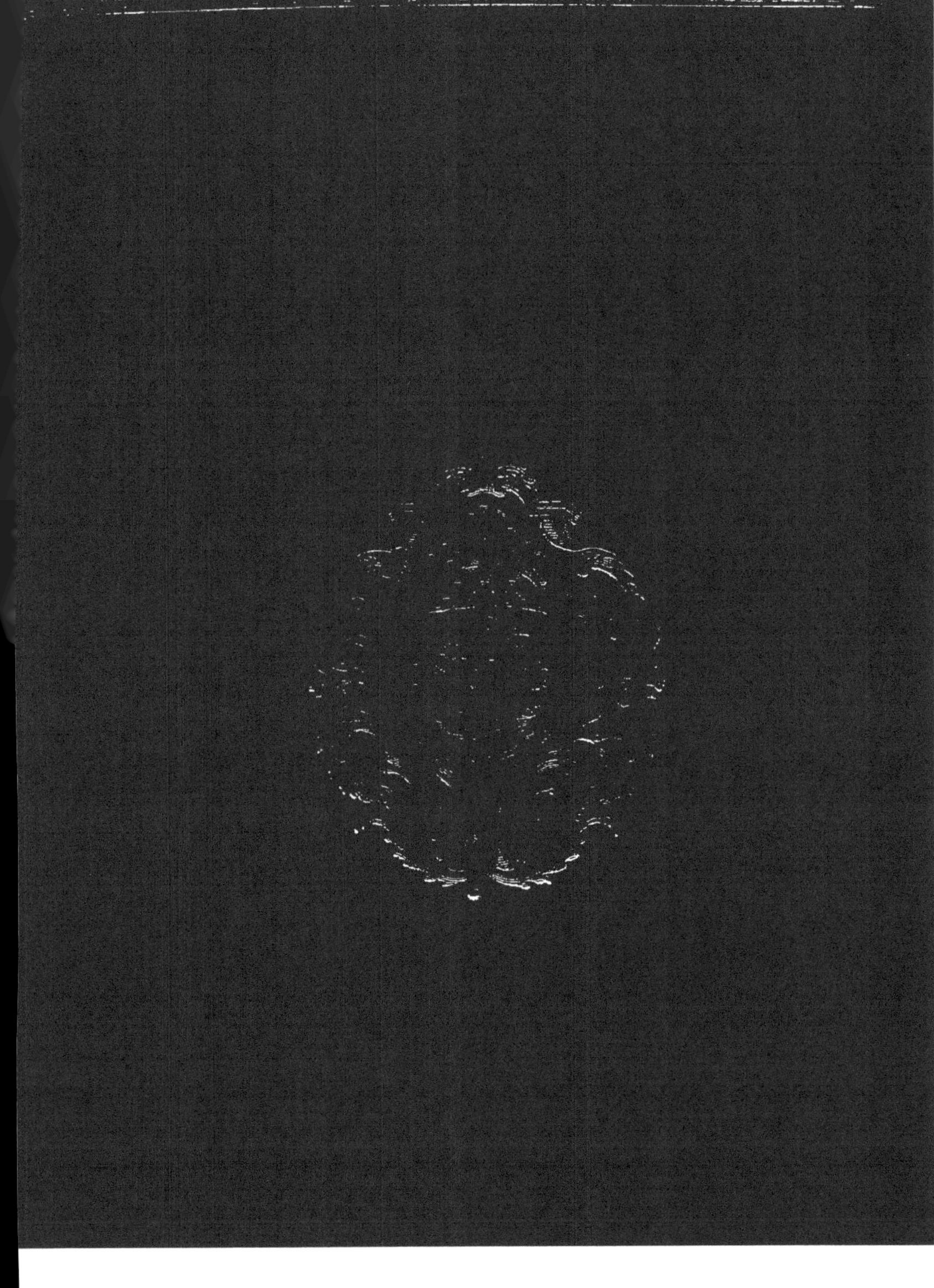

www.ingramcontent.com/pod-product-compliance
Lightning Source LLC
Chambersburg PA
CBHW051620060726
47597CB00004B/1363